My Timeline Book of World History

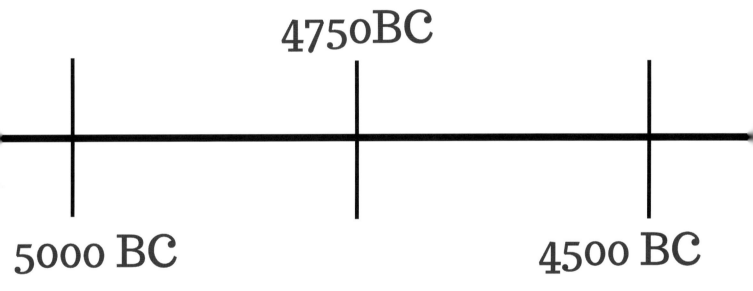

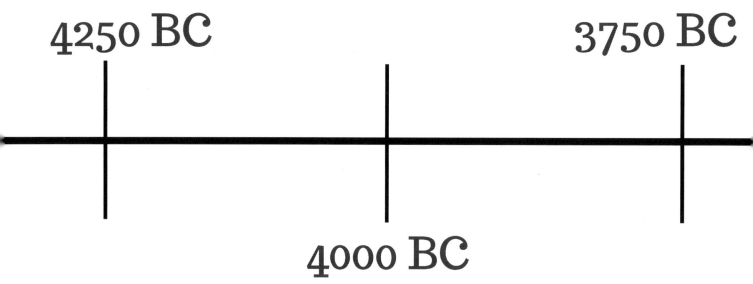

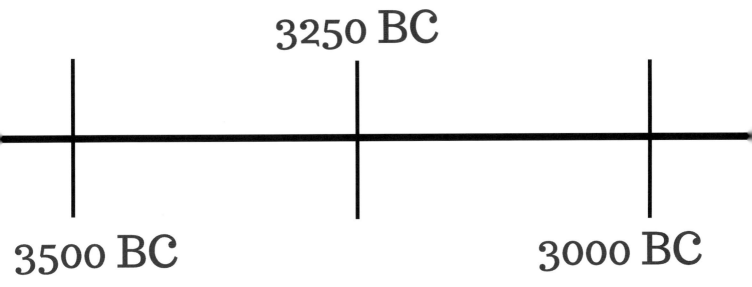

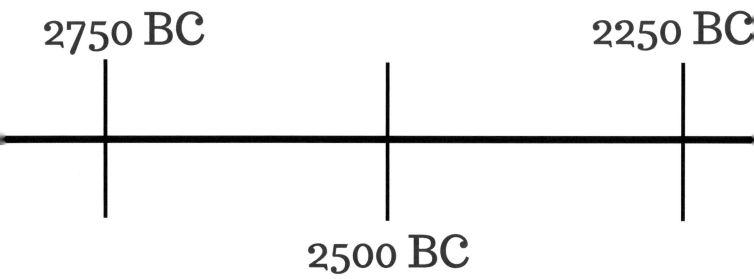

2750 BC

2500 BC

2250 BC

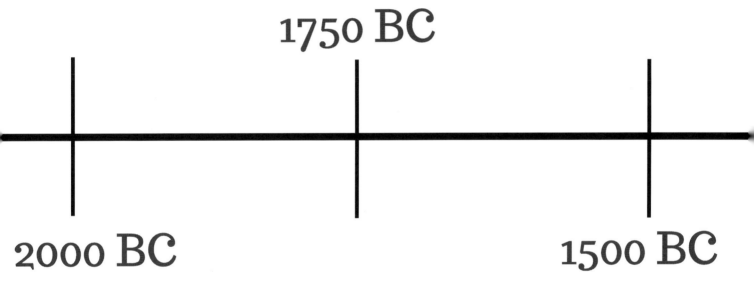

1750 BC

2000 BC   1500 BC

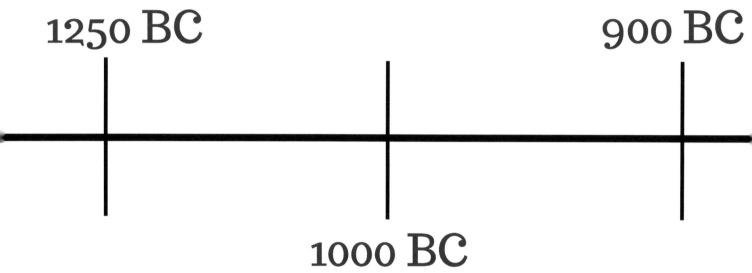

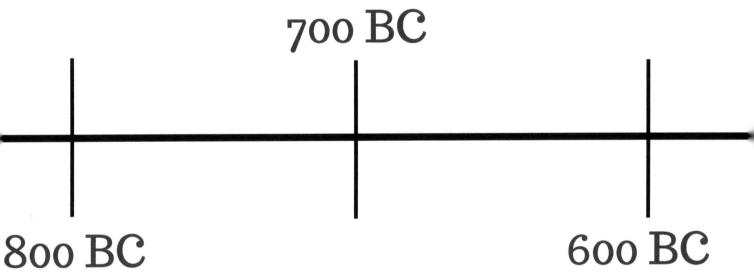

700 BC

800 BC

600 BC

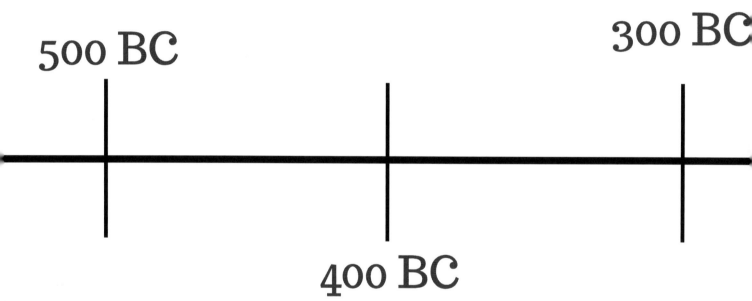

500 BC

400 BC

300 BC

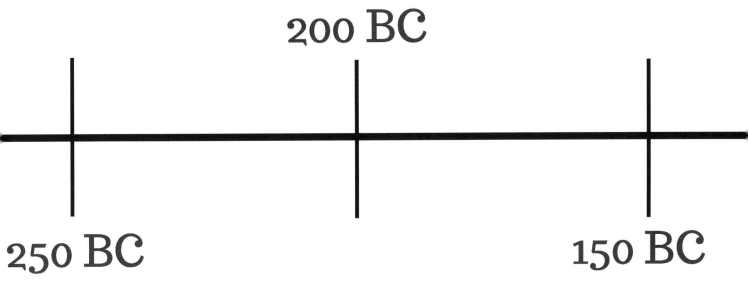

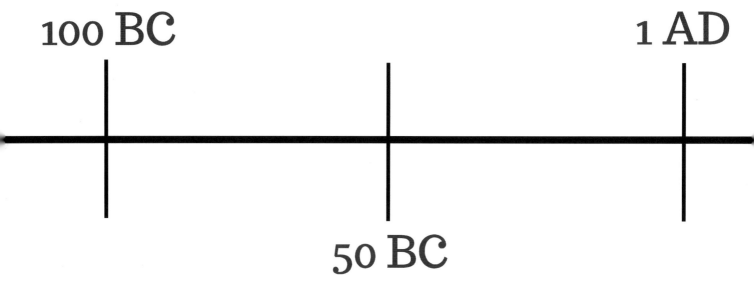

100 BC

50 BC

1 AD

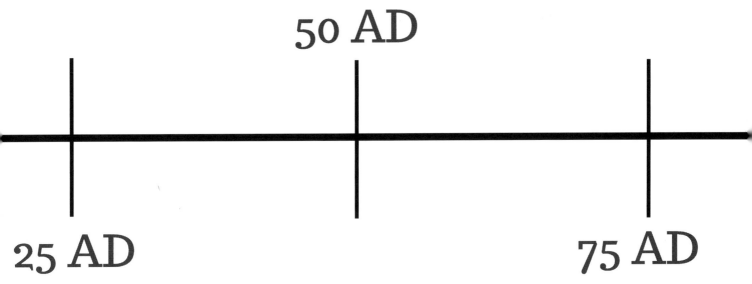

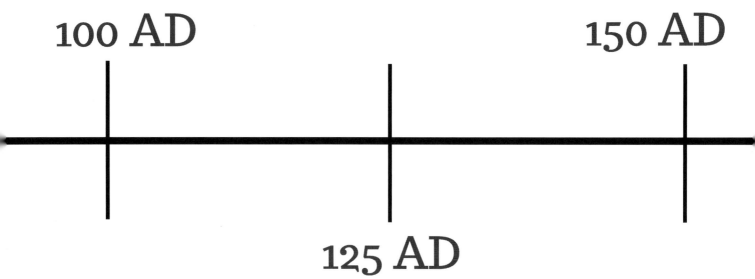

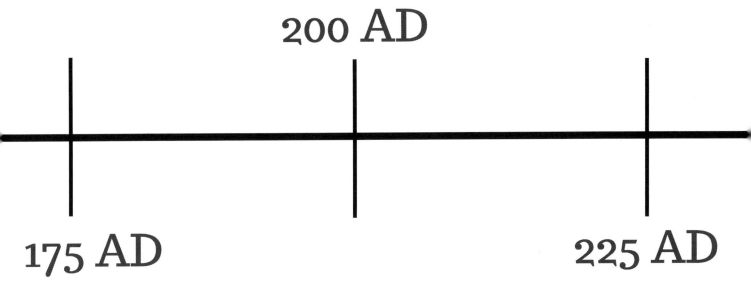

200 AD

175 AD

225 AD

250 AD

275 AD

300 AD

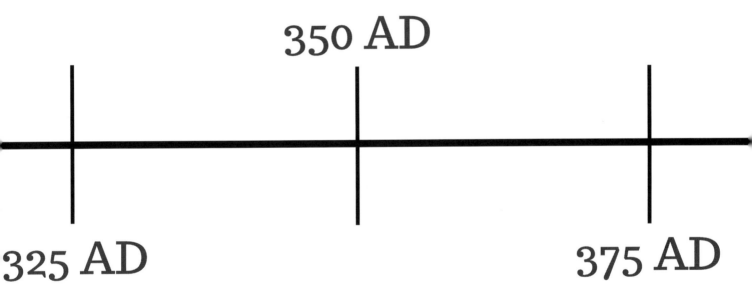

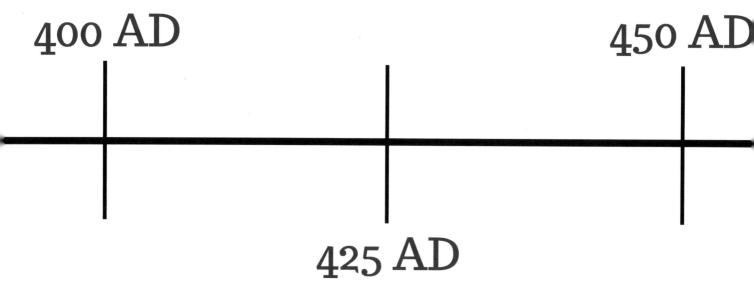

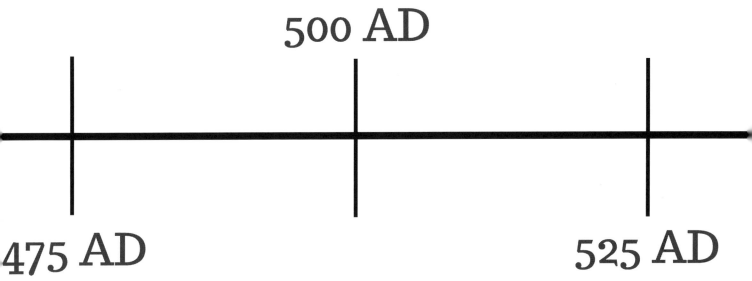

475 AD

500 AD

525 AD

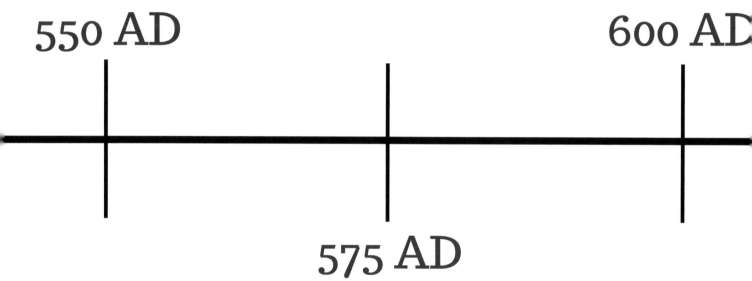

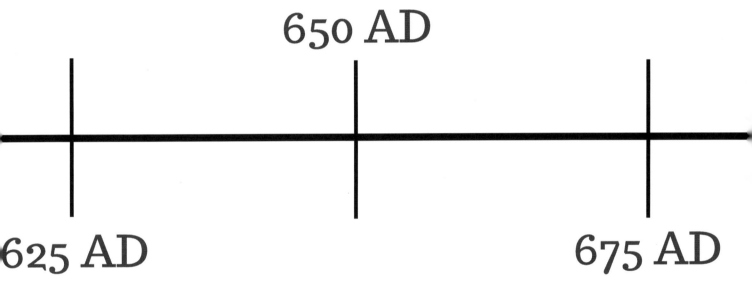

650 AD

625 AD   675 AD

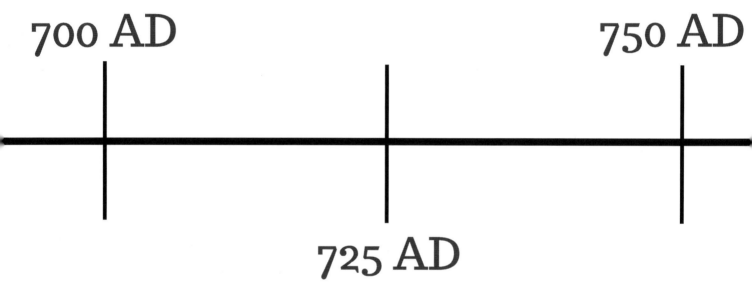

700 AD

725 AD

750 AD

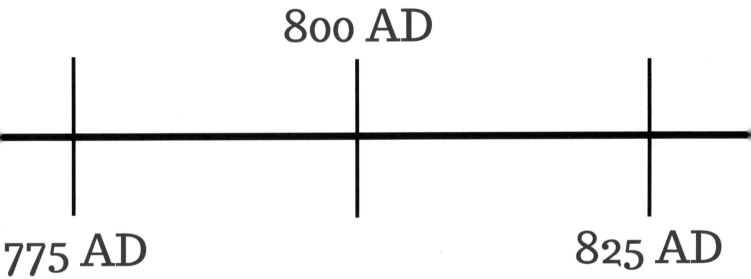

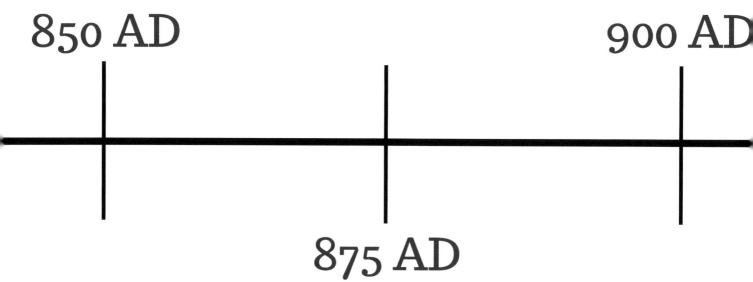

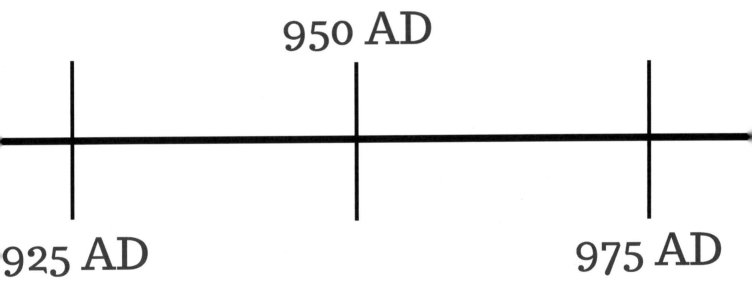

950 AD

925 AD

975 AD

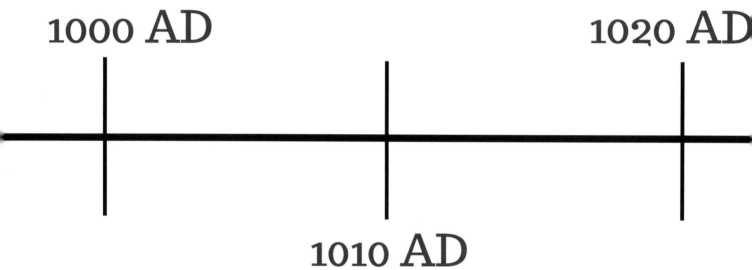

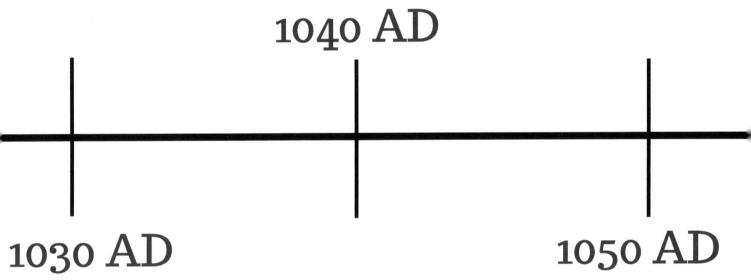

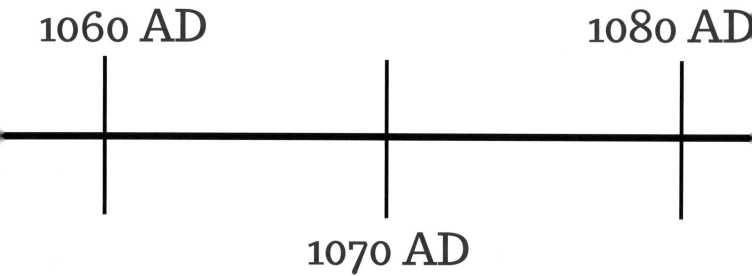

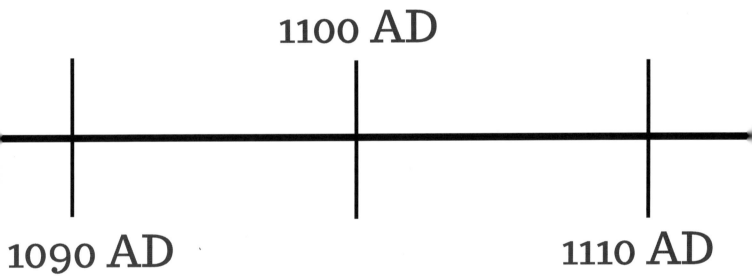

1100 AD

1090 AD

1110 AD

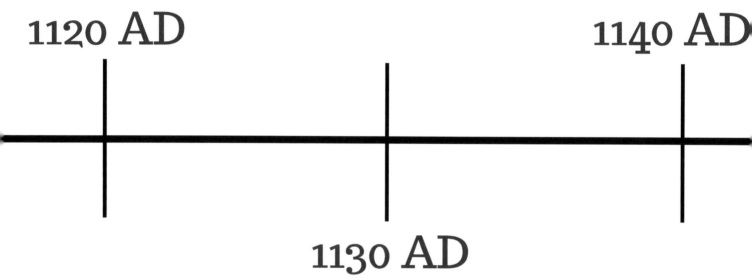

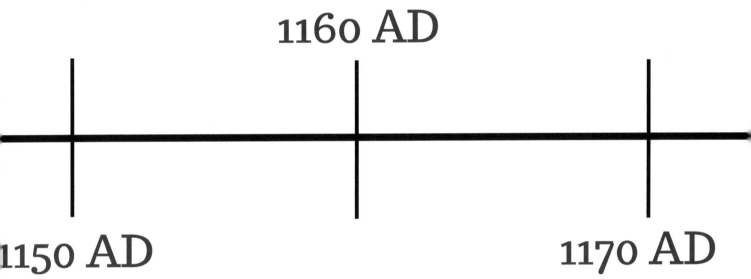

1160 AD

1150 AD

1170 AD

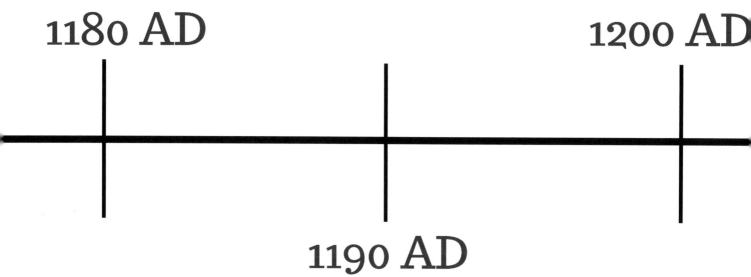

1180 AD

1190 AD

1200 AD

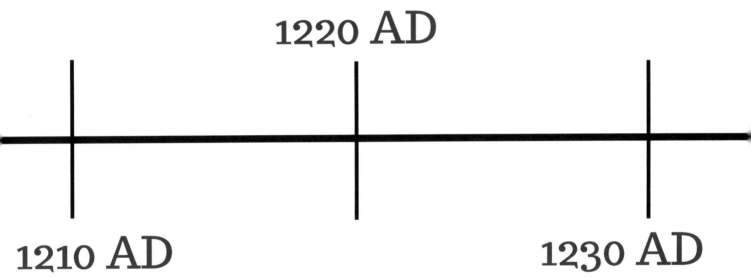

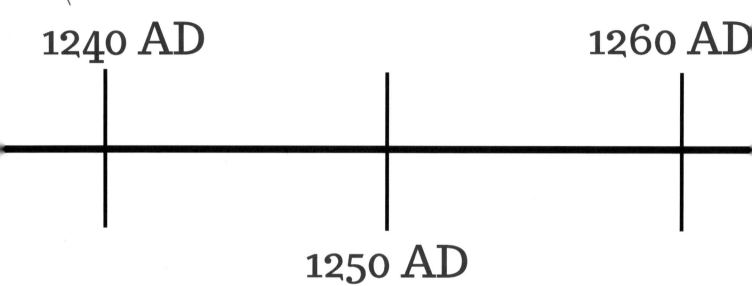

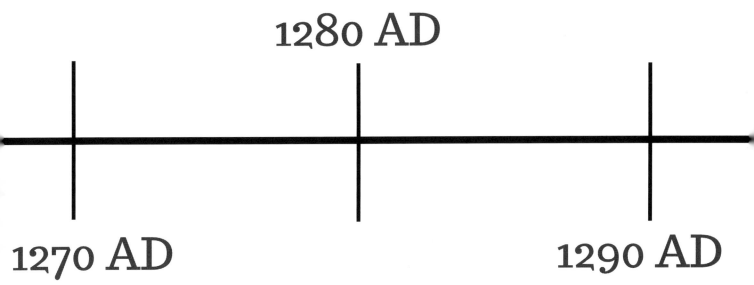

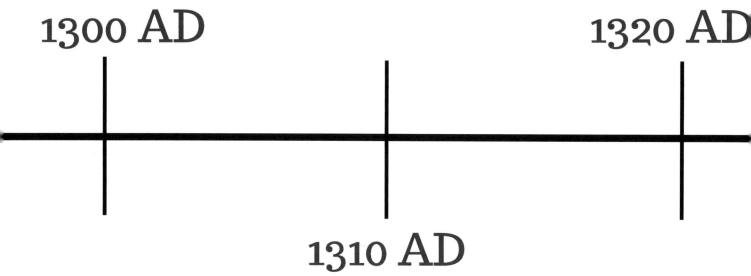

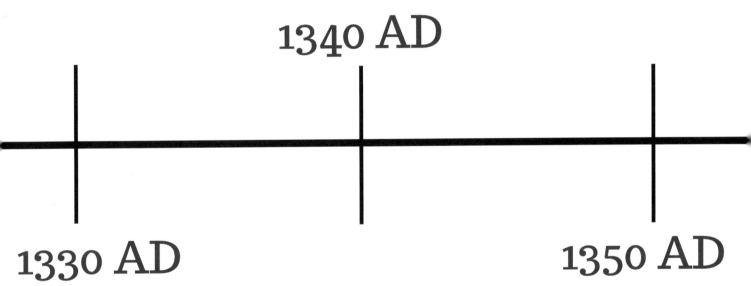

1340 AD

1330 AD

1350 AD

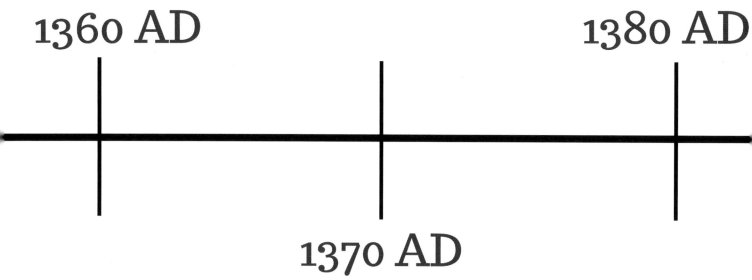

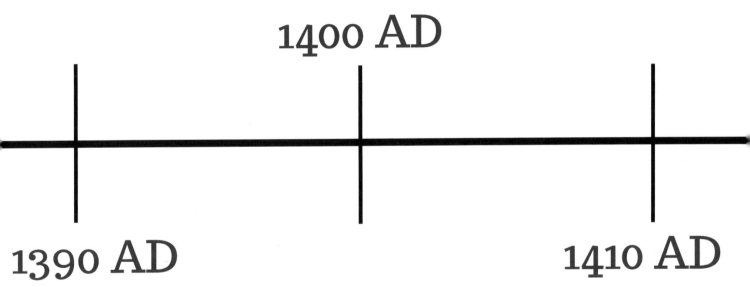

1400 AD

1390 AD

1410 AD

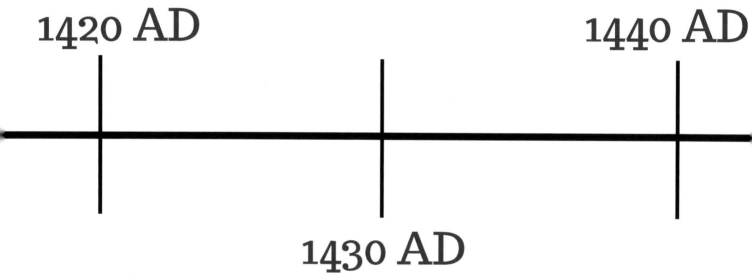

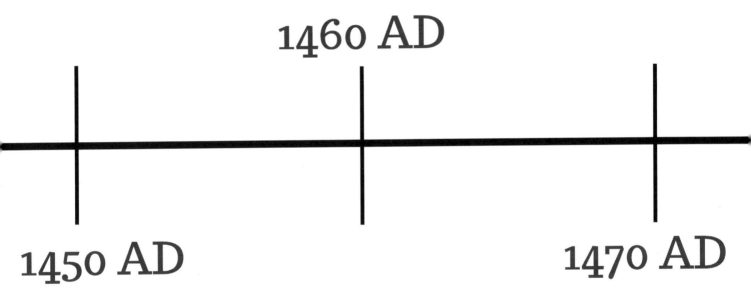

1460 AD

1450 AD

1470 AD

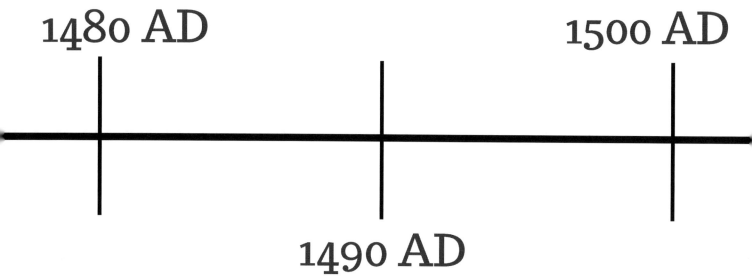

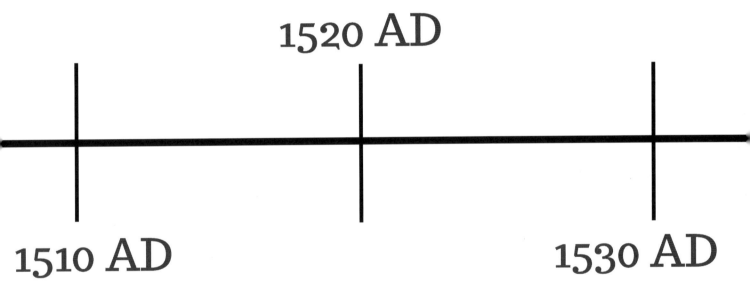

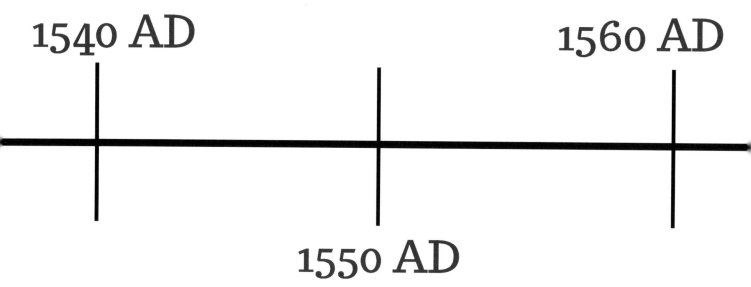

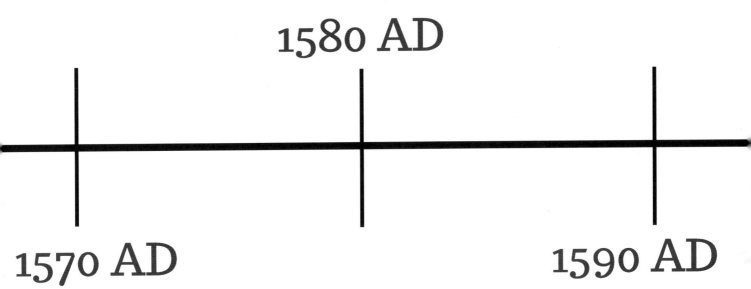

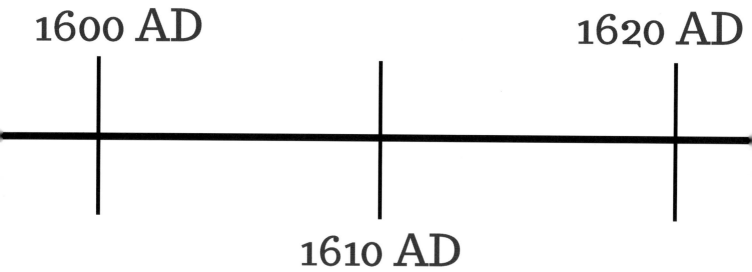

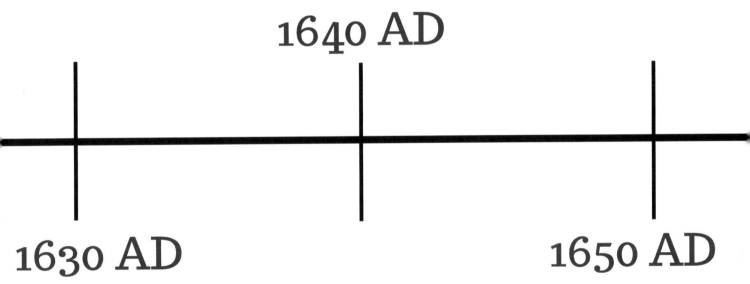

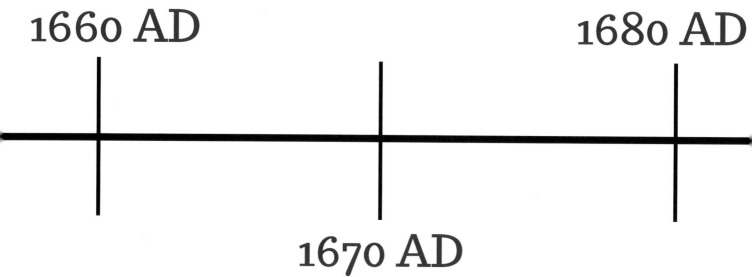

1660 AD

1680 AD

1670 AD

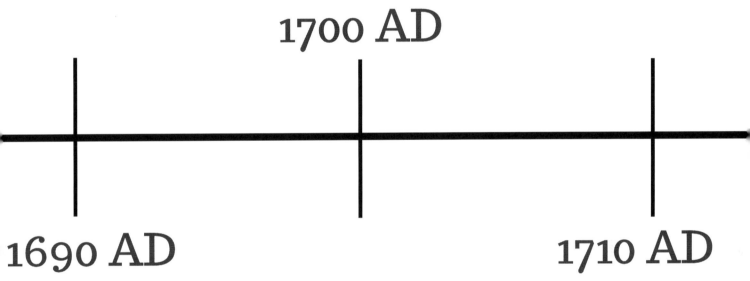

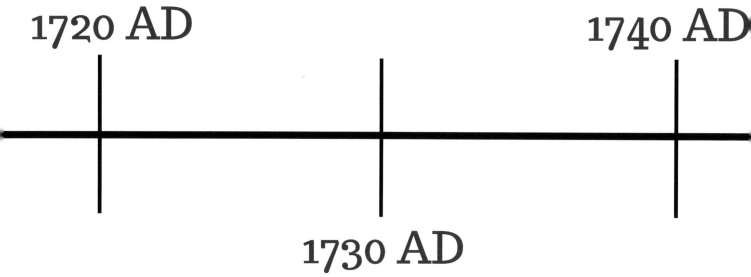

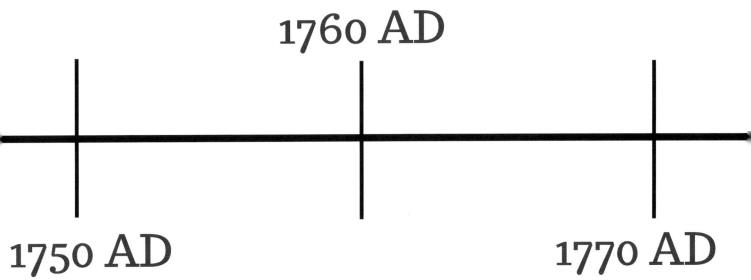

1760 AD

1750 AD

1770 AD

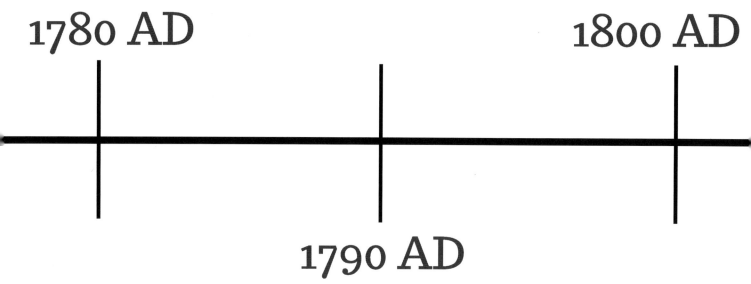

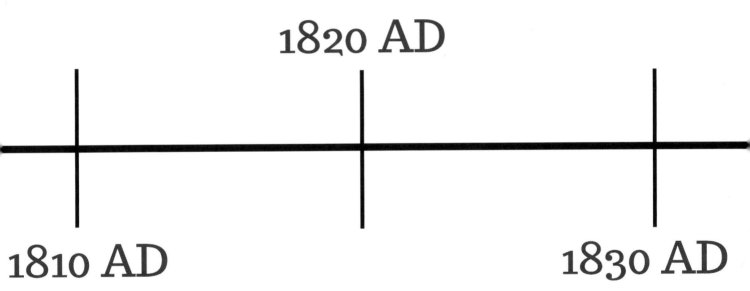

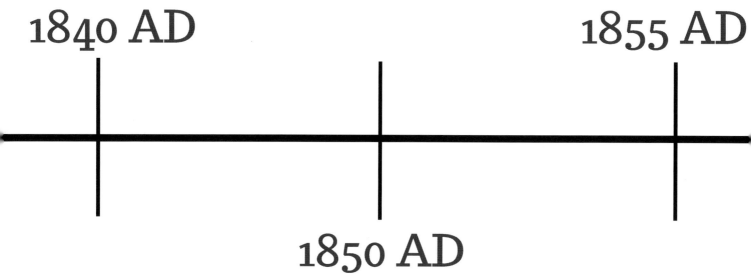

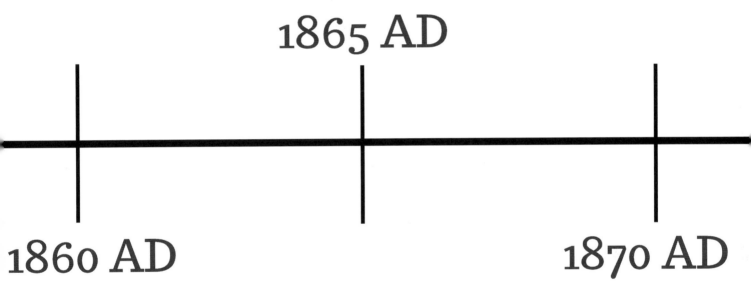

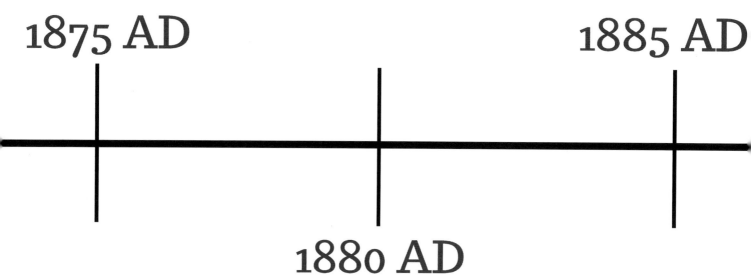

1875 AD

1880 AD

1885 AD

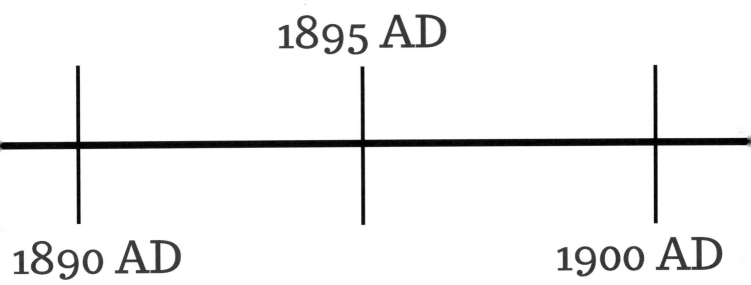

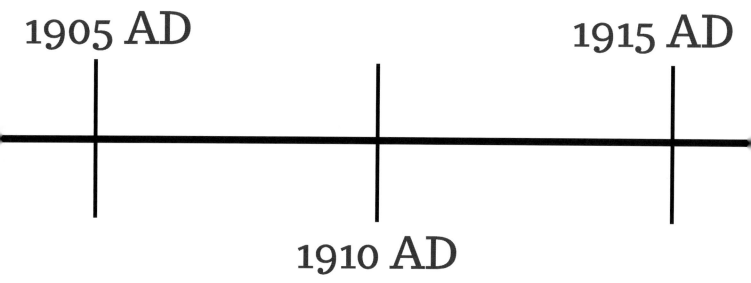

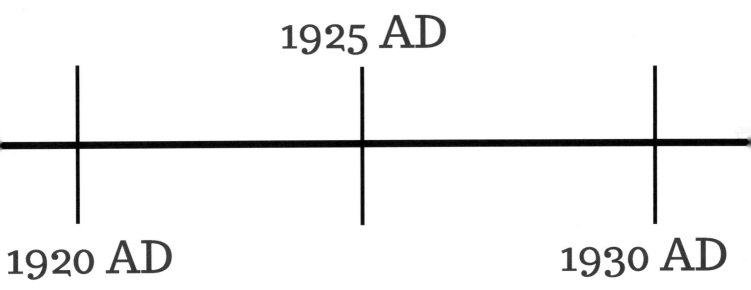

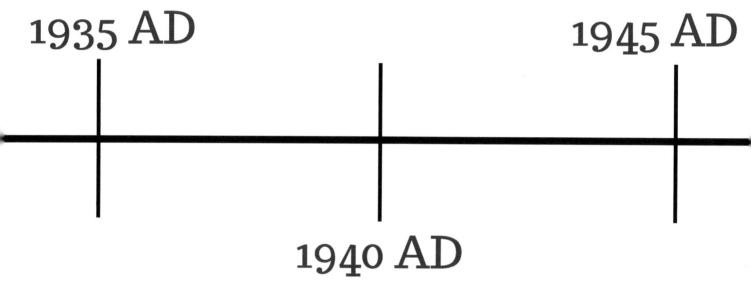

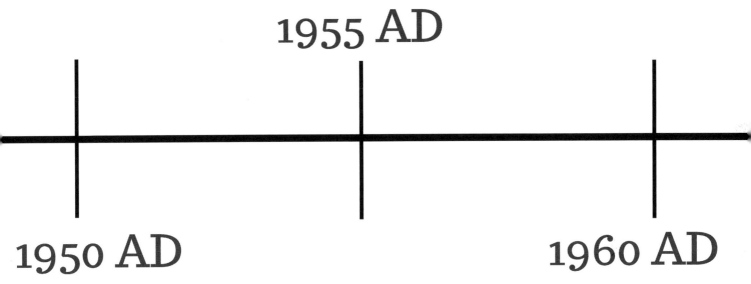

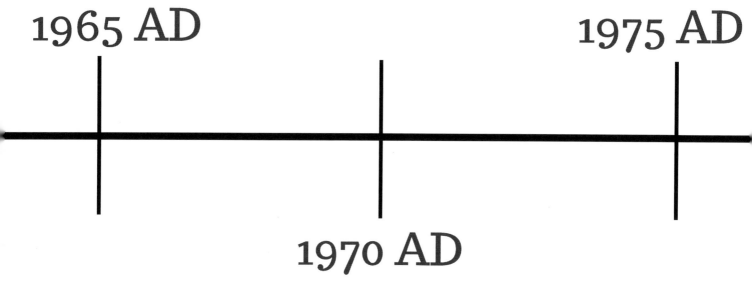

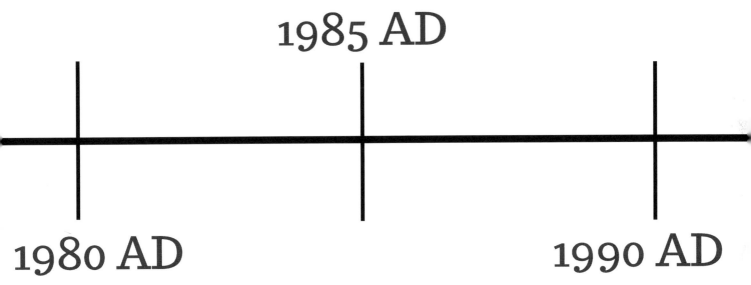

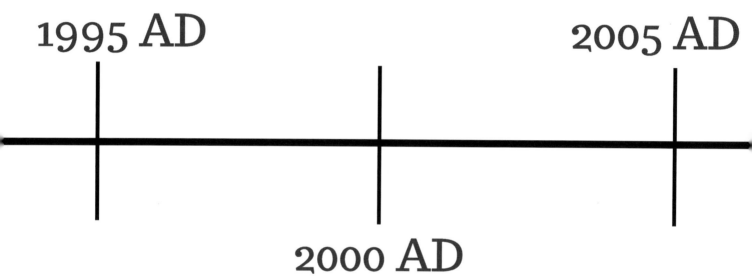

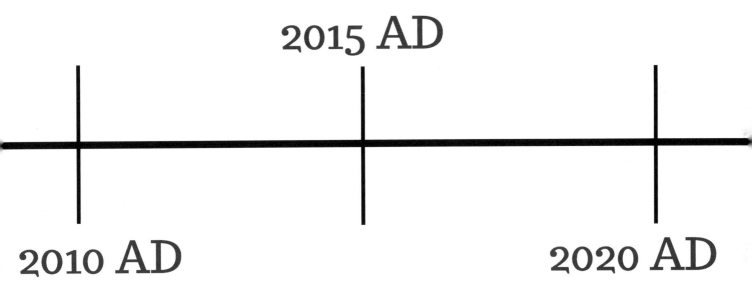

2015 AD

2010 AD

2020 AD

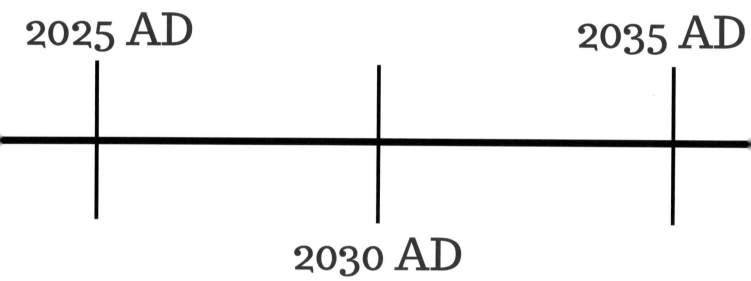

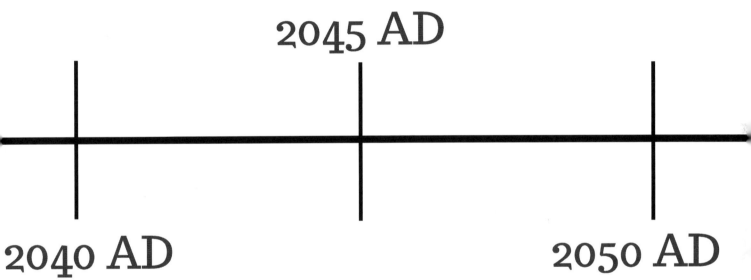

To download and print FREE historical timeline figures, please visit

http://myhomeschoolprintables.net/shop/

Made in the USA
San Bernardino, CA
18 September 2018